MW01482730

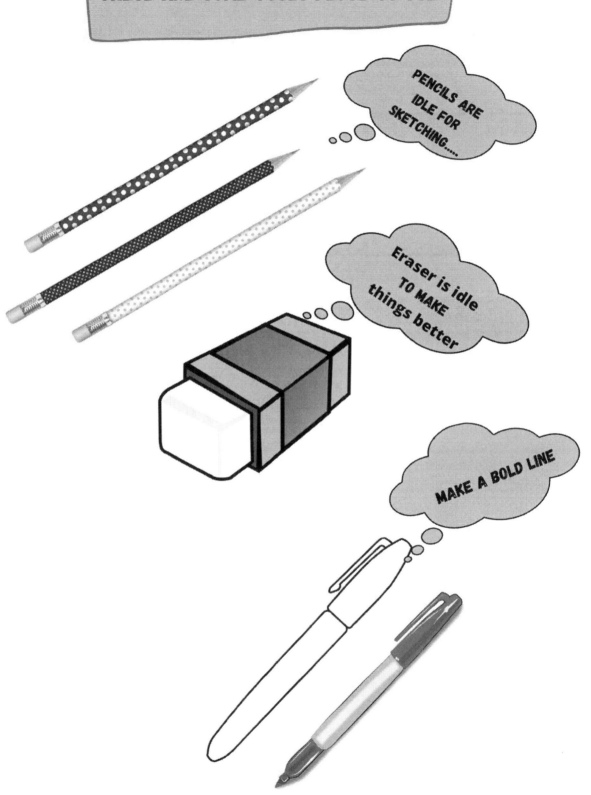

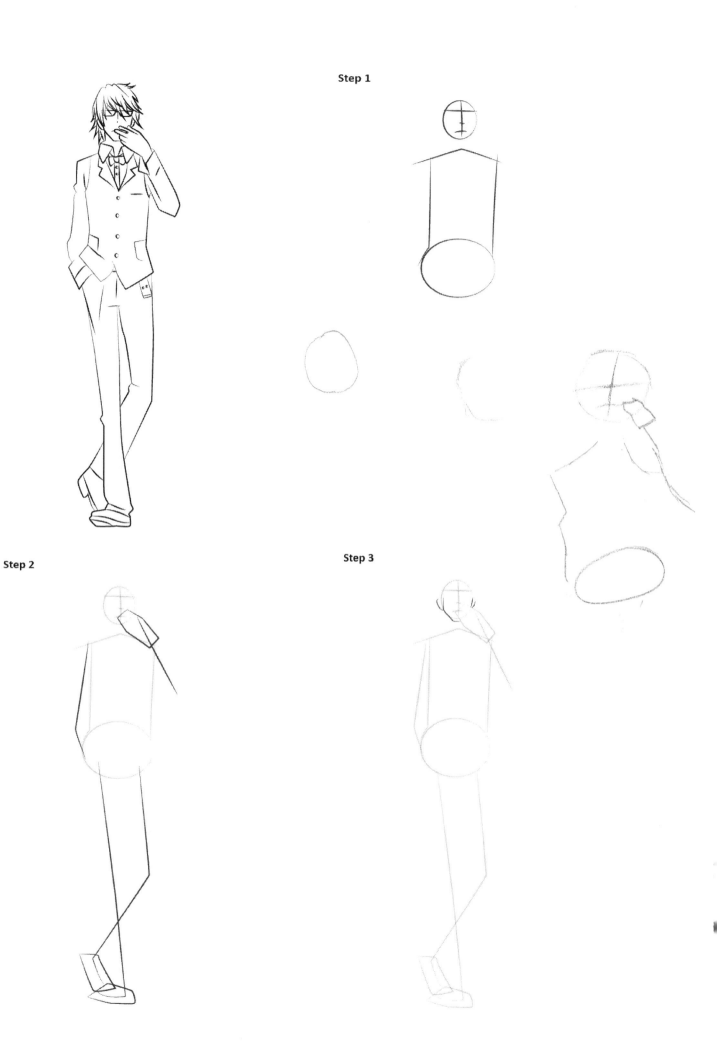

Step 1

Step 2

Step 3

Step 4

Step 5

Step 6

Step 7

Step 8

Step 9

Step 10

Step 4

Step 5

Step 6

Step 7

Step 8

Step 9

Step 10

Step 2

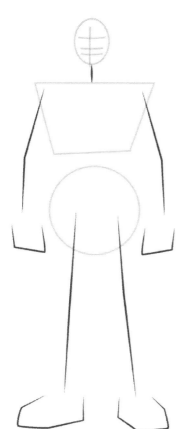

Step 3

Step 4

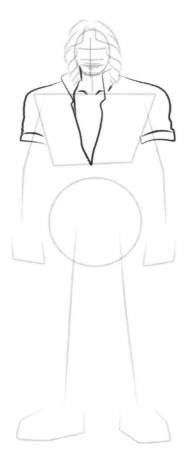

Step 5

Step 6

Step 7

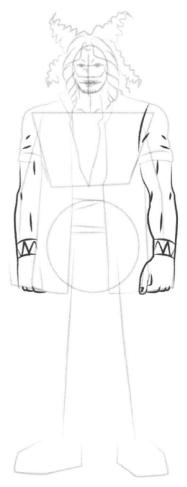

Step 8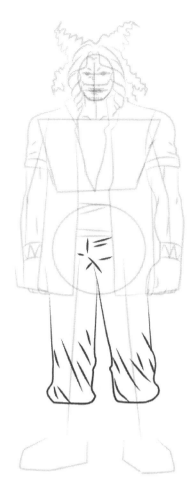

Step 9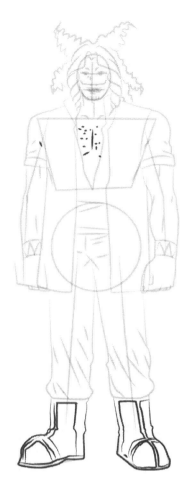

Step 10

Step 1

Step 2

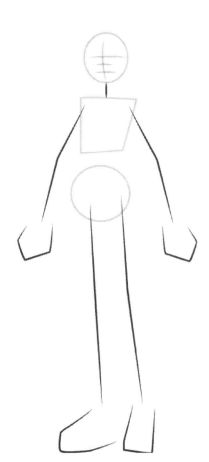

Step 3

Step 4

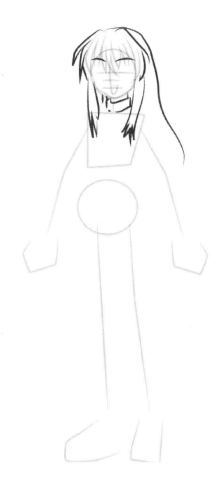

Step 5

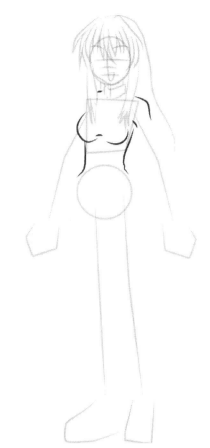

Step 6

Step 7

Step 8

Step 9

Step 10

Step 11

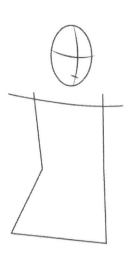

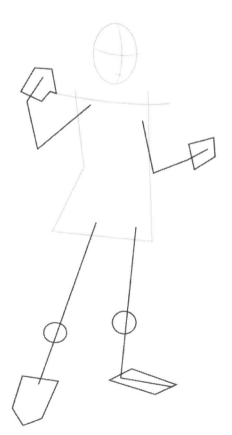

Step 4

Step 5

Step 6

Step 7

Step 8

Step 9

Step 10

Step 11

Step 1

Step 2

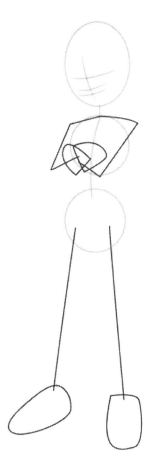

Step 3

Step 4

Step 5

Step 6

Step 7

Step 8

Step 9

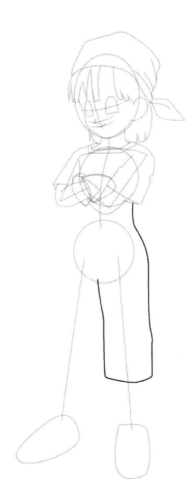

Step 10

Step 11

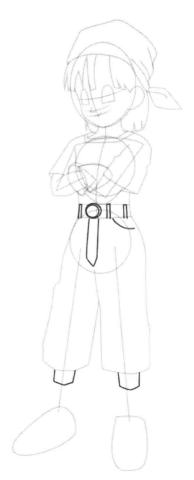

Step 12

Step 13

Step 14

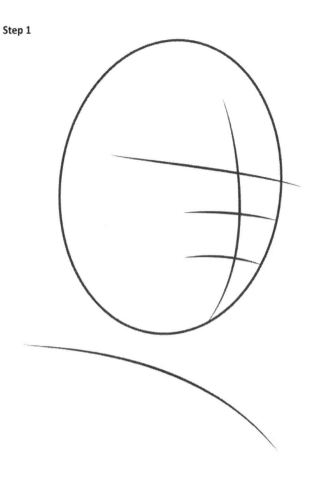

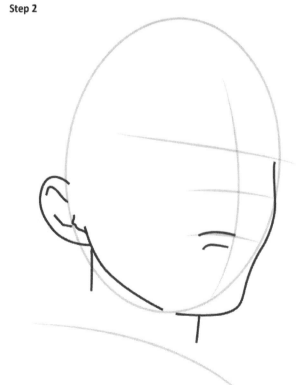

Step 6

Step 1

Step 2

Step 3

Step 4

Step 5

Step 6

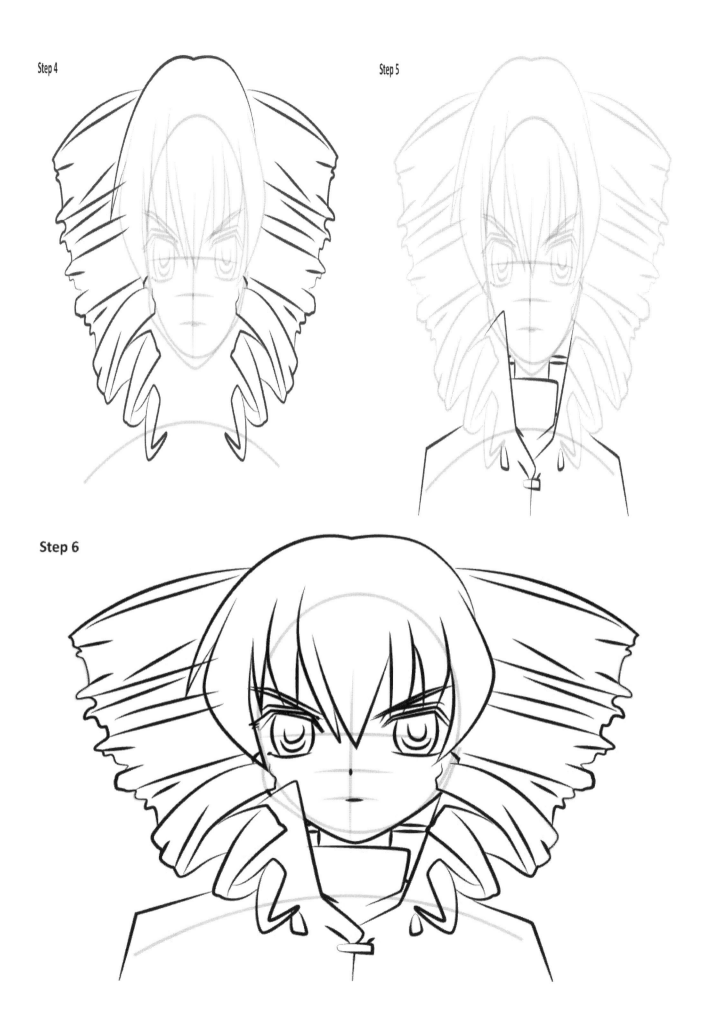

Step 2

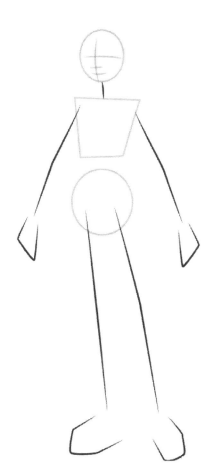

Step 3

Step 4

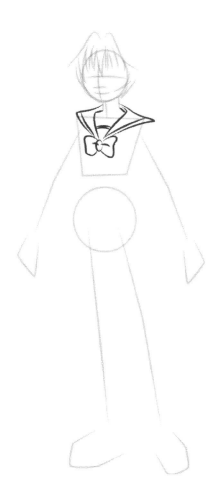

Step 5

Step 6

Step 7

Step 8

Step 9

Step 10

Step 11

Step 2

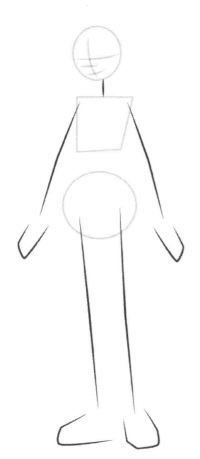

Step 3

Step 4

Step 5

Step 6

Step 7

Step 8

Step 9

Made in the USA
Las Vegas, NV
03 December 2021